CALATORIND PRIN STELE

POEZIE

GINA NICOLAE JOHNSON

ISBN: 9781548471637

SECRETUL

Nu-i un secret ca ne-am nascut s-avem un
rost in viata,
Sa-ndepartam din inima si minte orice drum
spre ceata;
O raza de lumina, pe omul pozitiv, il duce
oricand spre Soare
Si-un firicel de apa, cristalin, l-ajută sa se
scalde in mare.

Exist-o lege scrisa de strabuni in timpuri ce-
au trecut:
Puterea mintii a ridicat din pat pe cel care-a
zacut,
Durerea toata a pierit, cand si-a dorit sa
zburde pe afara,
Regasind intr-un seif, uitat de timp, minunea
de comoara.

Comoara mea, a ta, a ei, a lui, a noastra, a
tuturor,
Izbanda de-a ajunge intr-un final, in varful
muntilor,
La ceas de dimineata, oile pascand fara caini
de pază,
Ciobanul, eu si tu, liberi sub cer, descatusati
de rază

Esti liber sa respiri mireasma florilor cand
soarele apune,
Eu-ți împacat, strigand iubirea care poarta-
un nume.
Fericit ti-e sufletul, ca te-ai scaldat pe inserat
sub clar de luna,
A doua zi, ciripit de o ciocarlie, trezindu-te,
cu multa voie buna.

Intoarce palmele, incet, primeste-n ele
Divina Energie,
Te rog, mergi pe vârfuri, nu face prea multa
galagie;
Inchide ochii, poti sa vezi si sa cuprinzi
dorinta toata,
Fiinta intreaga luminata-ti este de steaua
indepartata.

Secretu-ti apartine, cunosti puterea de-a
intalni fercirea,
Ajuta un firicel de iarba, calcat in picioare,
arata-i iubirea,
Tu vei primi in schimb, din Universul care te
inconjoara,
Miros de tei, tot ce-ai visat si tot ce ai sperat
odinioara!

ETERNITATE

Prin fosnetul de frunze si picurii de apa reci,
Numar in gand, timid, pana la douazeci.
Te strig incet, ca să rasari din lumi indepartate,
S-aduci cu tine simtaminte ce-au fost demult uitate.

De vei simti asa cum sufletu-mi trasare
De-atata dor, inmiresmat, pe inserare,
Ai sa ma prinzi in palmele-ti flamande de iubire
Si-ai sa m-asezi pe-o stea spre nemurire.

O lume-a noastra, plamadita din vise ce nu mor,
Soapte nespuse, luminand atat de mult fior.
Eu, tu, noi doi, aici si-acum, plutind in zare,
Visand ce n-au visat strabunii pierduti in nepasare.

Al nostru Univers, stalucitor si plin de energie,
Strabate timpul, spatiul, trezind orice din letargie.
Pe-un varf de munte, rataciti printre cuvinte,
Doi calatori, tinandu-se de mana, vor merge inainte...

DE CE TE PLANGI, OMULE?

Pana si orbul
vede culorile naturii
asa cum si mutul
vorbeste despre dragostea
lui pentru viata,
iar surdul compune melodii
ce fi-vor aplaudate-n
timp la concerte
extraordinare.
Tu, omule ratacit,
inzestrat de Dumnezeu
cu ochi ce se pot bucura de
florile pline de roua,
de curcubeul ce apare dupa ploaie,
cu glas ce poate strabate
pana la poalele muntilor si
fericit de greierii compozitori -
Tu, omule,
de ce te plangi?

DE-AR FI

De-ar fi iubirea
rasarit de soare -
diminetile ar inflori
chiar si-n miez de noapte,
de-ar fi iubirea flori de tei -
parfumul va raspândi mirosu-i printre
zilele farã nuanta,
de-ar fi iubirea un colt de codru -
ne-am contopi in el
alaturi de natura...

DEFINITIA SIMTURILOR

Desi nu te vãd,
o mãnã caldã-mi mângâie
privirea-n tainã;
Iti simt respiratia încãlzind
diminetile reci atunci
când fereastra este deschisa –
Te apropii cu pasi înceti
de teama sa nu mã trezesti
din visare,
zâmbesc, chipu-mi tresare
de lumina,
deschid ochii si tu pari a fi
mai mult decât închipuirea mea,
esti real,
tu, cel de dincolo de spatiu;
E-o clipa rupta din calendar,
rãmasã-n urmã,
sunt gânduri asezate-n
clepsidra ce se-apropie de final,
se întrezãreste un happy end:
doua suflete luminate-n
noaptea scufundata-n mirosul florilor,
muzica soptitã
ridicând cãtre astri simturile…

DIVIN

Mâna din umbră
scăldată-n fluturi
ce zboară, zboară,
culorile atingând
obrazul pal.
Străzile dorm,
visează oraşul.
Aripi kilometrice
atingând muntele,
marea;
aura văzută
fără ochi,
muzica dirijată
cu bagheta divină -
căpşuni şi miere
clipa.

LUI EMINESCU

Mi-e sufletul rămas la tarm de mare,
De-aici, de peste Ocean, privesc in zare
La Steaua îndepărtată si la a ei Lumina
Ce neîncetat sclipeste si m-alina.

La ceas aniversar, trimit spre ceruri o
privire,
Poetului iubit, o floare, in semn de
multumire,
Ca-n vremurile incetosate, pierdute-n ether,
M-a inspirat sa scriu, ferindu-ma de ger.

L-am "cunoscut" in timpuri cu mult soare,
M-a cucerit cu-a lui inegalabilă candoare
Citind mesajele-i ce curg atât de lin,
Despre balaia fata şi cu-al ei Catalin.

Un nume unic si cu rezonanta vie:
Eminescu, Domnul călăuzei in poezie.
Mirosul teilor, amestecaţi cu Luna,
Iar valurile marii stau fara de furtuna.

Ne închinam tie cu mic, cu mare
Si te avem in inimi ca un Soare,
Ce naşte Sori feriti de-arşiţa si ploi,
Tine iubitorul poeziei, departe de nevoi.

PLANS

N-am să mai plâng în astă seară
Nici maine, suflete, de-ai sa mi-o ceri,
Plans-am destul in taină-n, vară
Şi-n alte ierni, şi-n primăveri,

Nu-s lacrimi nicăieri, pe-aici, pe-aproape,
Fugit-au repede spre alte porţi,
S-au revărsat spre infinite ape
Ce-au modelat neiscăliţii sorţi.

A mea, a ta, a mea, a noastră,
A omului ce plânge până moare,
Vapor strabate Marea Albastră
În apa-lacrima cea mare.

Plâns-au atâtea suflete bătute
De vântul vieţii aprig şi pribeag,
Încât n-a mai râmas neplâns în astă viaţă
Nici chiar al ursitoarelor om drag.

De-mi ceri să plâng din nou in anii care vin,
N-am sa te-ascult chiar de-ai sa mă implori,
Nu pot sa vars o lacrima amară, plină de
venin,
Ce otraveşte şi omoară fluturii prin tufe de
pelin!

PREMEDITARE

Zarurile aruncate
pe masa tacerii
in dimineata
de dinaintea
plecarii reci
arata ca
n-ai zabovit
prea mult
sa-ti intorci
privirea.

REVENIRE

Cine-ar fi spus ca ieri să vină înapoi,
Paşi de copil păstraţi în cufăr de argint,
Flori pe câmpii zorind spre noi
Amestecându-se zglobiu prin labirint?

Mi-e sufletul ca stelele sclipind în noapte
Călătorind în timp, cu ochii de cristal,
Gând răsfaţat de-atâtea şoapte
Ce-i croşetat dibaci în alb voal.

O zi senină, prin mulţimea de nămeţi,
Parfum de soare adiind culoare,
Clepsidra din birou şoptind bineţi
Şi-un ciripit de vrabie în zare.

RIDURI DE LUT

Nod în gât
până în vârful
picioarelor,
cădere de calciu
or neliniște?
Om de lut
șlefuit cu
pietre aspre,
ridurile-ți apar
în suflet
deși cuptorul
arată temperatură
maximă.

SA UITAM DE NOI

Păduri şi ape întinse peste noi zâmbesc,
Sunt aşternute în tăcere, în amurg,
Privesc spre stele îndepărtate ce călăuzesc
Sufletele scotocind un demiurg.

Atâtea întrebări pe fila vieţii zac,
Sunt galbene şi roase pe la margini
De clipa care fuge lungă cât un veac,
Lăsând amprentă mare de imagini.

Clişeele de amintiri vibrând neşterse
În pagina de azi ce-i plină de mister,
Şi eu, şi tu, şi noi atâtea controverse
Atunci când mă citeşti şi pari stingher.

N-ar fi mai bine să uităm de noi o clipă,
Şi să fugim în timp, printre salcâmi,
Să ne şoptim că viaţa e risipă
Atunci când gânduri nesfârşite le sfărâmi?

Hai să uităm de căutările deşarte,
Să adormim precum pruncimea nou-născută,
Iar clipele de mâine să ne arate
De-ar fi să scotocim prin viaţa cea trecută...

SCRUM

Pamantul
erupe
sub pasii
ce au trecut
ieri si maine
pe cararea
sufletului.
Fi-vor oare
zilele
de poimaine
un vulcan
ars pe buza craterului?

STAPANUL CIRESILOR INFLORITI

Noi stim ca fericirea se naste din Soarele
Divin
Ce straluceste, neincetat, in sufletele noastre,
Iar Luna indepartata -   safir curat in cer
senin,
Impartasind, in taina, sclipirea stelelor
albastre.

Iubirea-i un izvor curgand din ape limpezi,
Ce croseteaza zambete printre copacii
intelepti;
Mireasma florilor este in noi, de vrei s-o
vezi,
Calea puritatii, in ganduri senine - lesne s-o
adopti.

Atunci cand fluturii isi frang in zbor aripile
firave,
Flamanzi si obositi strabat poieni fara de
nectar,
Cand toate visele din miez de noapte par atat
de grave,
Miroase roua diminetilor - nimic nu este in
zadar!

Omule, zambeste sub umbrela rupta de
furtuna,
Sub streasina din suflet rasar lumini cand
ploua;
Lebada diafana valseaza, increzatoare, sub
clar de luna,
Iar valurile apei te improspateaza cu o haina
noua!

O piesa te teatru, pe scena - tu esti actorul
Ce savureaza aplauzele venind dinspre
cortina,
Nimic si nimeni, vreodata, nu-ti poate
schimba decorul,
Ce cu-atata ardoare l-ai intiparit pe vesnica
retina.

TABLOU DE DIMINEAŢA

Ninge azi, ninge incet si maine,
Albul pur zambind la soare,
Pui de vrabie in cioc cu paine,
Veverita colorata zburda-n zare.

Dimineata bate in feresti incet
C-o petala de lumina blândă,
Plopul cel batran este nitel incert
Cum de nu poate rodi si el o mura.

Eu, in pat, cu pledul peste cap lasat,
Ratacind in lumi prea-ndepartate,
Intreband un trecator ce-n vis s-a aratat
Daca vietile noastre-s desarte?

M-a sfatuit sa rad cand trebuie sa plang,
Sarut in soapta obrazul noului-nascut,
Citesc povesti nemuritoate in amurg,
Iar diminetile, incet, sa le ascult.

Mi-a mai vorbit de stelele din zari,
Pământuri nerodite ori neculese,
Atâtea galaxii plonjand in departari
Ce-s chiar si pentru el mistere, nebuloase...

PICTURA ABSTRACTA

Alb şi violet,
lalele negre
peste firul de nisip,
pescaruşul zboară
până la capătul
falezei pietruite.
Gri şi verde,
ghiocei în pahar
alături de alb.
Portocaliu
peste bucata de pânză,
iar luna amestecată
cu macii din câmpie.
Ochi curioşi
analizând pictura,
tropote de paşi
la vernisaj.

VARA

Dimineață luminoasă
cu flori în păr
parfum de trandafiri
zburdă delicat
în aer
Cuplu de ciocârlii
găzduiește
nou-născuți în
cuibul
primenit în zori
Pădurea verde
pat moale
pentru căprioare.

PRIMĂVARA

Verdele zăpăcit de cap
de atăta amânare
răsare din zăpezi tărzii
aducând diminețile pe
drum de raze şi flori,
Sticleții zambesc în colivie
scăldându-şi cozile
în apa călâie
trimițând iarna in depărtări.
O veverită sare gardul
la vecini furând semințele
din ghivece.
Până la anul să nu te mai
Arăți, Craiasă Albă!
Cedează tronul Soarelui
şi lasă-ne şi pe noi,
muritorii, să ne bucurăm
de mângâierea lui,
prea multe nu avem!

REMEMBER

Se-ntorc încet privirile-n trecut,
Trecut îndepărtat ce pare a fi mut,
Boboci de trandafir zburau în glastră,
Orizontul ce stătea-n fereastră.

Lumini multiple, gânduri doar de bine,
Sperante ce astăzi sunt ruine,
Răsad de Soare pentru clipe grele -
Acum se văd doar niste firicele.

Părea ca dimineaaa este-atât de mare,
Că-n departare se zăreste o cărare,
Rouă din belsug pe fruntea transpirată,
Întunericul străpuns de o săgeată.

Eu, tu si soarele de-amiază,
Păream a fi ca florile-ntr-o vază;
Gânduri bune pentru mâine-am pus
Anotimpului timpuriu ce a apus.

PENTRU CEI CARE IUBESC CERUL
FARA NORI

Omul, alearga o viata intreaga dupa
nemiloase himere,
Frangandu-si, neincetat, mainile batatorite,
in tacere;
Purtat pe aripile valurilor aspre dinspre Nord
spre Est,
Sperand, sarmanul, sa ajunga, intr-un final,
la Everest.

Luptandu-se cu lei imaginari, chiar si atunci
cand doarme,
De prea multa izbanda, in miez de zi si pe
inserat ii este foame;
Franturi de idealuri, plamadite intr-o forma
ce a dat pe-afara,
Fluturii, venind din tari calde, aici la frig, au
inceput sa moara.

In trecerea pe-aici, cu mic, cu mare, tradat a
fost de cei aproape,
Carari nepietruite, pline de noroi, urme
aspre, tavalite-n soapte;

Prietenii intre un caine si-o pisica, falsi,
pozand la fotograf

Si-un ochi ascuns, in ceafa unuia, fumegand
pe nari a praf.

In departare, pe creasta unui munte,
pustnicul la stele priveste,
Retras, in coliba sufetului, nimic din valea
cu venin nu isi doreste;
Mesajul lui, sa inmugureasca printre ghimpi
si urmele de vanatori,
Pasarea, luptandu-se cu vulpea cea sireata,
sa zboare iar spre zori!

Din norii tavaliti in ceata si furtuna, rasare
soarele in valea inflorita,
Din oameni buni, senini, cinstiti si pasnici,
zaresti o fata insorita;
Priveste aproape, la floarea din zapada care
straluceste in lumina,
Nu carcoti, uri, minti, vrajbi, infumura si vei
avea o viata pasnica, senina!

DOAR EU IN NOPATE

Noapte si liniste,
tacerea pare ca
piere printre vise.
Oamenii dorm,
putini dintre ei
se-ntorc pe-oparte.
Noapte adanca,
nici macar greierii
nu soptesc versuri
la fereastra,
sforaie printre
tufisuri.
Doar eu,
alaturi de hartie,
astern ganduri
ce n-au somn.

DORINTA CLIPEI

O clipa se scutura
infrigurata
de teama minutului
din urma ce a trecut.
Bate la usile timpului
cerandu-i ragaz,
il implora in genunchi
sa fie ingatuitor:
abia acum si-a gasit
linistea!
Copacii-si fosnesc
frunzele in semn
ca se vor opri
din a capata culoarea
aramie;
ploile par a fi
stropi de roua,
Luna straluceste
si-n miez de zi;
stelele sunt invecinate
cu Soarele la pranz;
diminetile miros a
iz de amurg cu iarba
proaspat cosita,
iar pasarile cerului

bat din aripi catre
tarile calde abia
spre sfarsitul iernii.
Clipa,
cu inima plina
de bucurie,
saruta mana timpului,
a naturii,
cernand in pletele
vantului
raze de fericire!

DURERE

Praf de pusca
rasunand
peste diminetile
de dincolo de azi,
maini frante
pline de lacrimi,
pasari calatoare
oprite peste
iarna in munti,
inghetate aripi
fara speranta
falfaind de foame
si iepuri fara
urechi
aciuandu-si
suspinele printe
scancete.

A VENIT TOAMNA

Vantul albastru
adie-n pletele
vapoarelor -
nisipul apune o data
cu soarele -
pescarii pufaie
din pipa veche
a nemultumire:
nici macar
un guvide n-a miscat!
Valurile
soptesc o barfa
adusa de pescarusii
flamanzi ce-si agita
aripile pe de-asupra
trecatorilor zgribuliti
de frig:
A venit toamna!

ADRESA DE NEGASIT

Cine s-a intors?
N-am auzit bine
ori intrebarea
nu capata raspuns?
Aaa? Nimeni?
Stiam,
asa cum si tie-ti
este cunoscut!
Pleaca mosii nostri
ori lastarele
timpurii,
dar nu se mai
intorc sa ne
spuna la ce adresa
sunt de gasit.
Si noi vom călători
spre alte dimensiuni
asa cum si tu,
noule venit
iti vei da copiii
la scoala,
ii vei conduce
la altar, spre
a-i inlocui
pe cei de
fara adresa,

plecati pe drumul
fara intoarcere.

ADUCERI AMINTE

N-a mai ramas nimic,
Noaptea scrasneste din dinti,
Ziua ploua cu regrete tardive,
Diminetile-s nesfarsite capcane
Intre vis si realitate.
N-a mai ramas nimic,
Cuvinte fara noima,
Flori fara miros,
Fluturi incolori zorind
Spre campii insorite.
N-a mai ramas nimic,
Te caut in neantul amintirilor.

DORINTA

Privesc în sufletul
cald aşezat
alături de florile
din vază
răsare dor
în dimineaţa
albastră presarată
cu miros de tei
ridic mâna spre tine
atingând lin şuviţa
rebelă de timp
picături de rouă
pe buzele-mi însetate
de dorinţă.

CRACIUNUL - BOGATUL SI SARMANUL

Se-apropie Crăciunul pentru omul cu desaga
plină,
Braduți mirositori din munți înalți sau din
grădină
Sclipesc de luminițe colorate, într-un living
primitor,
Cadouri multe-n ordine-așternute, pe
moalele covor.

Miroase-a cozonaci burtoși, cu aromă-
mbietoare,
La streașină-împletiți, frumos, cârnați
atârnă-n zare,
Fripturi scăldate-n vinul roșu te cheamă spre
cuptor,
S-așterni o masă, cu de toate, într-un altfel
de zor.

Și focul din cămin dansând voios în aer, cu
mister,
Pisicii leneși, tolăniți pe jos, sunt ocrotiți de
ger.
Colindele se-aud în depărtări precum o
boare,

Musafirii intră-n casa înbelşugată cu
ardoare.

La margine de sat, printre zăpezi, privesc
spre poartă
Doi bătrânei, sărmani, uitaţi de lume şi de
soartă,
Aşteptă să apară, din depărtări, copiii lor
plecaţi prin lume,
De-atâta amar de vreme nu i-au putut striga
pe nume.

Batrâna-şi strânge lacrimi în batic, afară-
ntruna ninge,
Iar moşul sprijinit de un toiag cu noduri,
şoptit, abia plânge.
Spre seară s-au întors în odaia rece, cu
geamuri îngheţate,
Aruncând pe foc surcele cu greu din pădure-
adunate.

E prea târziu să afli întrega lor poveste şi cât
de mult au suferit,
Ce au avut pe masa de Craciun, ori ce
bucate, Doamne, bieţii şi-ar fi dorit.
La anul şi la mulţi ani! De eşti creştin şi
crezi în Dumnezeu cel Mare,

Deschide uşa pentr-un sărman, bătrân, copil
înfometat, în aşteptare.

CRACIUNUL COPILARIEI

Nostalgia iernii din trecut, plina de poveste,
ramasa-n urma, undeva in departari,
Cand pasii copilariei, marunti, imbujorati de
ger, zburdau pe ulite si batatoritele carari,
Iar satul meu atat de mult iubit, pe vârf de
deal, maret zambea prin albele troieni,
Ah, amintiri din anii cei indepartati, revin in
minte, azi, ca si cand ar fi fost ieri.

Bunica, dis-de-dimineata, un saculet dintr-
un cearceaf, cu drag ea ne cosea;
Cu sufletul deschis, la toti nepotii, in Ajun
de Craciun, drum bun la colindat ea ne ura.
Cu nasul inrosit de ger, bruma pe hainute, cu
mainile scufundate in manusi de lana,
Strigam, cantam cu vocea inaltata, din
poarta in poarta, colindele, cu-atata voie
buna.

Nuci, mere, covrigi, bomboane si, pe ici, pe
colo, cate un banut dorit primeam,
Cu-atata bucurie, inocenta, fericire,
sinceritate, de orice dar primit ne bucuram;
Printre colinde, luam o pauza, ne bateam si
harjoneam cu bulgari de zapada,

Mancam cate-un colac fierbinte, mar,
scovearga, facand loc pentru daruri in
desaga.

La ora pranzului, ne intorceam cu drag si
veselie la casa batraneasca a bunicilor,
Ne incalzeam picioarele ude si mainile,
alaturandu-ne la vatra fierbinte, piscilor.
Bunica asternea pe masa atatea bunatati:
carnati, sarmale, cozonaci burtosi;
Mancam, cu mic, cu mare, toti nepotii,
nesaturandu-ne nicicand de caltabosi.

Ningea afara, lemnele trosneau in soba,
miros de scortisoara dansa in odaie,
Cei mici dintre veri, dormeau, adanc si
linistit acoperiti in cojoc intr-o copaie;
Iar restul, cei trecuti de cinci, sase ani -
cascam si ascultam povestile bunicilor,
Adormind intr-un traziu, ocrotiti, visand la
partii de gheata si feriti din calea norilor.

Imi amintesc cu drag de anii ce-au trecut, de
iernile si sarbatorile cuprinse de nameti;
Desprind un crampei din fericirea copilariei
mele; va doresc un Craciun fericit sa aveti!
Sa va iubiti, sa iertati, sa fiti buni, sa daruiti
si celor mai sarmani din ce aveti pe masa,

Iar bunul Dumnezeu sa va inunde sufletele
cu fericire si multa armonie sa aveti in casa!

DE TOAMNA

Ne-am apucat sa crosetam povestile de
vara,
Iar greierii cersesc, în şuier, o clipa de la
Soare,
O frunza aramie isi flutura culorile, pe
seara,
Iar prin copaci văzduhul se-arată în
splendoare.

O vrabie, carand in ciocu-i mic un firicel de
pai,
Isi falfaie aripile obosite fara de odihna,
O ciocarlie canta mieros cu glasu-i cristalin
de nai,
Iar ploaia tropotita pare ca nu mai vrea să
vină.

O luminita stravezie, in departare,
straluceste la ferastra,
In casa, motaneii torc, visand la un castron
cu lapte,
Pe cerurile sufletului incoltesc muguri de
floare albastra -
Ducandu-ma spre ganduri talcuite cu atatea
soapte.

AMINTIRE DE IUBIRE INTR-O
SCRISOARE

Printre degetele
tiparind puhoaie
de vorbe a cazut
petala albastra,
culeasa din varful
muntelui -
Era destinata
tie,
sa-ti lumineze
sufletul si
improspateze dorinta -
Ar fi aratat bine
prinsa in sigiliul
scrisorii.
Caut-o printre
rânduri...
miroase inca
a poiana unde
ne-am dat mana
pentru prima data!

DORIND O STEA

Iubire –
Parfumul diminetilor
De mai,
Fiinta intreaga
Plonjand in caseta
Zilelor sublime.
Iubire -
Senina amica,
Dor nesfarsit
al eternitatii,
Pasi in pridvorul
Copilariei,
Miei rasfatati in
Gradina Paradisului.
Iubire –
Fie sa-mi dai
Binete...

EU - IN NOAPTE

Singuratate –
Frunzele copacilor
Batand in fereastra,
Soarele saruta
Tampla-mi plina
De roua.
In departare –
Lucesc ochii
Lacului umbrit
De tei.

CITIND PRIN CARTI - O CARTE...

S-a aratat intaia
oara ca o literatura
eminesciana,
parea precum o salba
agatata la gatul
unei fecioare
si radia sperante
dalbe si vise
de noi doi intr-o
viata de Luceafar.
Pe pasii timpului,
matematica
soptea ecuatii fara
rezultat,
iar experimentele
chimice de
dinaintea somnului -
gandurile,
aratau aburii
trecatori si promisuni
imbibate in ether.
Anatomic ea n-a simtit
nici o schimbare,
nu s-a transformat,
dar Psihologic

inima mintii a
incetat sa creada
in naratiuni jenante,
palpaind stanjenita
de naivitatea
ei feciorelnica.
Pana si e-mailurile,
cu sutele,
se razboiesc intre
ele, sarmanele,
nestind ce sa
concluzioneze:
sa citeze totul ca
pe-o Istorie,
sa arunce
firimiturile de iluzii
intr-un seif,
ori sa uite
de ele, acoperindu-si
capul cu un batic
fara ochi si insemnatate?

CĂLĂTORIE DE VARĂ

Un dor nemărginit se-ascunde-n gândul meu
spre seară,
Cojind bucăți de timp și alergând spre
universul nesfârșit,
Pe ceruri neatinse de priviri se scaldă-n
sufletu–mi o vară
Ce-ar mai tânji pe ici, pe colo, după un nou-
bine-ai venit!

Mă regăsesc, aievea, pe aripile păsărilor
călătoare,
Străbat oceanele în lung și-n lat, fără s-ating
crâmpei de val.
Pe munții îndepărtați citesc mesaje atât de
sclipitoare,
Și ochii minții - transpirați de o Morgană,
translucidă, fără de egal.

Plutesc spre drum de sori, ducând cu mine-n
inimă o floare,
Ce nu poate să ardă, doar să strălucească
veșnic către nori,
Ating un colț de stea, în zborul către lumi
îndepărtate, lumi nemuritoare,
Și-n negura din dimineți - întind covorul
înmiresmat cu proaspeți zori.

ȚIPĂT

Scafandru
printre gânduri
zăbovesc la fiecare
poartă,
bat puternic,
țip, strig
după ajutor.
Știu că cineva,
chiar și-n adâncuri,
are un felinar
la indemână
pentru vremea
de furtună.

TABLOUL DE AFARA

Adăugate-n tâmplele argintii
Frânturi de viscol împletit cu gheaţă,
Se cere un soare răsărind în nopţi târzii,
În depărtări, pe cheu, se vede ceaţă.

Întregul ger s-a revărsat în astă lună,
Deşi la starea vremii-s anunţate multe grade,
O frunză veştedă mă ia, încet, de mână,
Iar lacrima de pe obraz pe colivia păsării îmi
cade.

O turturică fâlfâie din aripi printre stele
Ar vrea să-şi caute un pui ce-i rătăcit,
Un uliu aşezat pe ghimpii cu nuiele
Sfâşie-n grabă plăpândul puişor răpit.

În blocul de pe strada-ndepărtată
Se pare că-i lumină la fereastră,
Când am sunat la uşă cu o glastră
Părea că floarea-i prea albastră.

În parc copiii alergau cu paşi întorşi,
Căţeii shieunau la apa din fântântână,
Ţipete ascuţite de tătici morăcănoşi
Lovind femeile cu vorbe aspre peste mână.

M-am reîntors în casă peste-un ceas
Luând cu mine-ntr-o clepsidră ce-a rămas
Din viaţa de afară şi din lume-a aburindă
Doar vorbele netipărite într-o oglindă.

Sunt scrise-n suflet pentru tine, pentru mine,
Deşi te rog, nu mă răstălmăci, străine!
Încearcă să-ţi arunci privirea într-o doară
Pe fila vieţii tale. E uşoară?

STRIGATUL NATURII

Tipa si florile-n fereastra
Iar graurii striga la stele,
Natura toata pare albastra
Cand viespile se vad chiar mierle.

Padurea freamata de teama
Atunci cand lupii sunt flamanzi,
Un pui de caprioara plange dupa mama
Cu ochii lui atat de blanzi.

O vrabiuta bate incet la usa
Cersind in fuga un ragaz de-o ora,
Sa-si poata scoate o catusa
Pentru a zbura-ntr-o noua hora.

Respira agitata iarba sub picioare
De-ata greutate azvarlita-n gand,
O lacrima prin vant se crede zare,
Rasad de flori mereu cerand.

E cineva afara-n ast moment
S-asculte talcuit povestea lor?
...Doar aerul trantit pe postament:
Zacand, plangand, scancind de dor.

TE IERT!

Te iert acum
să te pot uita,
să-mi regăsesc
mintea şi sufletul
pe cărări ştiute
de mine;
Te iert -
greşelile tale
fi-vor aşezate-n
cutia uitării,
alături de liniştea
ce mă-nconjoară

SCRISORI

Culeg scrisori ratacite-n sertar:
Iubiri imbratisate
De roze timpurii,
Sarutari contopite-n ether.
Viata parea continua lumina,
Anii 2000 ivindu-se
Cu Edenul fara mere,
Copii de un an si jumatate
Inganand cuvinte.
Pasii catre altar, certi.
Scrisori, urme in cutia timpului...

TOAMNA FARA TINE

Cad frunzele pe alei
in noptile cu luna,
diminetile rasar abia
pe la ora 9
cand pasii ajung la
limbile ceasornicului.
N-a mai ramas nimic
din vara si senin,
se vad doar umbrele
zambetului,
undeva in urma,
sters de petalele
uitarii,
aramii si ele.

MISTER

Nu a fost ieri, nici azi, nici maine,
A fost in timpul fara de masura;
Tic-tac-uri repezi, sufletul ramane,
In gara ultima trasura.

Nu trece timpul, oamenii se schimba,
Ganduri risipite in ether;
Iubirile prin nori se plimba,
Se scutura petalele din cer.

Privesti spre stele, sunt la mii de ani,
Doresti lumina s-o atingi in soapta,
Fericirea n-o cumperi cu bani,
Ci urmand o cale dreapta.

Unde este omul sa priceapa randurile vietii,
S-alunge-n uitare identitatea cetii,
Sufletu-i sa fie alb, precum e zarea,
Gandurile limpezi, ca si marea?

MORMANE DE GUNOI

Nimic
printre
e-mail-urile
din noi,
doar alb
la subiect
si semnatura.
Taci,
scancesti
cuvintele
nerostite,
azvarlind
cu tine
de peretii
neterminati.
Doar mormane
de gunoi
zac printre
sughituri
afumate
cu tutun
in noapte.

POVESTEA DIN PALMA

Sunt aşezată pe câmpia din copilărie:
desenz urmele de paşi ai mioarei,
trag aproape cratiţa ruginită plină cu apă
pentru puii aurii de raţă,
remodelez gărgăriţele şi bulinele de pe aripi
şi salut anul 2007,
deşi prin anii 80 florile nu se ofileau
chiar de nu ploua,
greierii încă mai compuneau balade,
iar părul motocicliştilor si iubitelor
flutura în vânt fară cască de protecţie.
Adun în palme o viaţă de om
şi o aşez pe hârtia sufletului,
acolo unde nimeni şi nimic
nu o poate rupe, mototoli ori critica
ca la talcioc, negociind fiecare preţul.
Nu există preţ pentru viaţă, fie de
a câştigat lauri ori a rămas repetentă
la o materie,
preţul vieţii din palma mea este
fericirea că nimeni n-o poate pângări
cu monezi aurii luncind pe fundul
cazanului din iad.
De sunt intrebări, pot raspunde fară

să bâjbâi în intuneric,
pot mângaia viaţa din palmă cu ochii,
fără să o clintesc din loc,
nici n-aş avea cum,
povestea a fost scrisă încă inainte
de a mă naşte.
Anul 2007 aproape,
căutând loc în ...viaţa din
palmele mele,
râzând, cumva, ironic....
Nu-l las sa-şi facă de cap,
găsind o portiţă de a pângări
cu evoluţia omenirii - câmpia copilăriei,
mirosul de iasomie
şi dragostea pentru Dumnezeu!
Un nou an, o nouă şoaptă în calendar,
o necunoscută pâna la anul următor,
o filă din viaţa din palmă,
răsfoită de mine la bătrâneţe,
alături de nepoţii...vecinilor
şi motanul de pe sobă....

SPERANTA

S-a trezit
dimineata
inaintea norilor
si a tunetelor
razuind ceata
si spaland
cararea de
noroi.
Zapada,
inghetata
de o luna,
s-a topit,
dand voie
ghiocelului
sa ridice
ochii spre
cer.

TU ESTI STAPAN

Stele îndepărtate strălucesc pe bolta fara de
sfarsit,
Soarele zambeste catre noi cu-a lui caldura,
Universul intreg pare ca niciodata nu a
obosit
Sa plonjeze veşnic ca o diafana creatura.

Pasarile cerului sunt libere ca apa
curgatoare,
In paduri s-ascund mistere pline de miraj
divin,
Munti inalti sunt purtatori de diamante
sclipitoare,
Iar omul, eu si tu, culegem fructele ce ne
revin.

De asculti, tacut, in miez de noapte
gandurile toate,
Ce salasluiesc in tine ca un mugure de
iasomie,
Vei gasi usor, pe o carare pietruita, drumul
spre cetate,
Poarta catre fericirea inchisa in inima ce-n
piept iti bate.

Priveste-ti mainile, trudite, ce nu se plang
nicicand,
Picioarele ce-alearga fara sa le poti opri din
goana,
Ascunsi de curiosi, ochii mintii intelepciune
activand,
Iar tu, ca un intreg, ar trebui sa poti baga de
seama.

In jurul tau i-atata floare ce rasare pe campia
intinsa,
Poteci far-de-sfarsit ce duc spre linistea din
tine,
In palma inmiresmata a diminetii, viata ta-i
cuprinsa
De orizonturi largi dansand pe melodii
blajine.

ZAMBET

Fosnesc diminetile
De-ata soare,
Copacii saluta ne-ncetat
Ciripitul pasarelelor ce ajunge-n
Fereastra-mi deschisa.
Razele rad,
Mangaindu-mi obrazul.
Timpuriu, chiar si-un greiere
Ratacit, compune de zor simfonii:
Atat de multa culoare!
Cerul senin dirijand norii
Spre lacasuri secrete.

PE LESPEZI DE GHIMPI

M-am intepat cand
vantul spulbera
sperantele
si am ratacit
printre furtuni
tarand dupa mine
dara de sange;
dimineti si nopti
flamande de soare
scanceau printre
copacii inzapeziti
de noroi si promisiuni
uitate,
am intors privirea
in trecut,
insa ochii obositi
mi-au alunecat
pe lespezi de
ghimpi -
lacrimi fara
alinare tanjesc
dupa o vorba buna.

POVESTI DE IARNA

O seară sclipitoare, cu fugi de nea în zare,
În casă, la fereastră, zâmbește o floare.
În departări, pe deal, lătrat de câini aud,
În satul învecinat, flăcăul plânge-n gând.

Încă din zorii zilei, la ceas de dimineață,
Ileana lui ce-a dragă, pierdută a fost în ceață,
Uitând de-a lui iubire, de-atâtea jurăminți,
Plecată a fost, neînduplecată de lacrimi
fierbinți.

În sat, pe ulița cea strâmtă, plină de pietre,
Doi bătrâni se ceartă pe-ndelete.
Moșul a uitat să dea la vaci mâncare,
Iar baba zbiară la el în gura mare.

Imagine de-ansamblu în miez de iarnă,
Zăpada albă n-ancetat să cearnă.
Copiii alergând zglobii pe derdeluș,
Obrajii roșii înghețați de-atâta săniuș.

Strâine, sunt ca și tine, un simplu trecător,
Cu multe amintiri de viață, un muritor.
Povestea de iarnă-i din anii ce-au trecut,
Vremurile copilăriei ce au renăscut.

La mii de kilometri, peste Oceanului mare,
Cu ochii închişi, privesc în depărtare,
La satul din în urmă, la odaia de chirpic a
bunicii,
Cu bomboane mentolate ascunse pe pe haina
mânecii.

E-o amintirile vie, ca şi când ar fi fost ieri,
Deşi trecut-au mai bine de douăzeci de
primăveri.
M-ai întrebat ce am acum în gând, tăcut?
Îmi doresc să zbor în iarna .... ce-a trecut!

Şi uite-aşa, cu mic, cu mare,
Privim din când în când în zare,
Iubim ce n-am ştiut iubi-n tecut,
Cerşind lui Dumnezeu doar un minut.

MAMA NATURA

Printre nămeţi se aude
ciripit de mamă
ce-şi strigă perechea
plecată după hrană
doi pui de vrabie
cu ciocurile ţuguiate
şi flămânde
se cuibăresc sub
poalele inghețate
ale mamei
Viscoleşte cu lapoviţă
în cuibul sărman
la miez de noapte
nici urmă de hrană
spre dimineaţă
fâlfâit de aripi
se apropie istovit
scormonind după suflare
trei capete
atarnate fără speranţă
zac sub zăpadă
O mână de copil
inveleşte cu grijă puii
focul din vatră
dezmorţeşte aripile
speranţei

S-a oprit zapada
Zorii trezind
toată casa cu ţipătul
vrabioiului disperat
Urmându-şi mama
cu aripile deschise
puii fac primii paşi
în viaţă

POVESTEA FUGARILOR

Purtând rochia albastră
pășește spre noapte
azvârlindu-și părul
în copaci
și împiedicandu-se
de umbrele bufnițelor.
O șoaptă o bate
pe umăr:
Stai așa,
la fel ca și tine
caut lumina
pe întuneric!
Sunt fugar de
ieri și picioarele-mi
sângereaza fără
păsare.
Foșnetul rochiei
rupte împleticește
sângele;
Umerii ei rămânând
goi,
Luna dezgolindu-le
frumusețea.
Tăcuți,

rezemand obosela
într-o scorbură,
privesc la ei
pe întuneric
găsind suflarea
ce-i unește.

RĂTĂCITĂ-N NOAPTE

M-ai pierdut pe drum
atunci când stelele
luminau doar cărarea
picioarelor tale
şi licuricii fugeau
spre tufişuri.
M-am ratacit printre
păsările nopţii
şi n-am scos o vrobă
de teama să nu fiu
înghiţită de lilieci.
S-a făcut dimineaţă,
tu n-ai venit după mine,
iar promisiunile
au rămas undeva
uitate de vreme
printre mormanele
de scrisori aruncate
pe biroul prăfuit.

LA MULTI ANI, PRIETENE!

La multi ani, prietene de-o viata,
Sa ai iubire in fiecare dimineata;
Sanatate, fericire si armonie,
Sufletul sa-ti fie plin de poezie!

Soarele sa apara chiar in miez noapte,
Gandul tau sa aiba doar albe soapte!
La multi ani, senini cu bucurie,
Sa ai parte-n asta zi de multa veselie!

38 de ani in fila inmugurita a vietii,
Trecut-au cu bine, indepartati din calea cetii.
Eu iti doresc sa intalnesti doar cer senin,
Iar sufletul sa-ti fie asemenea unui parfum
divin!

Sa-ti dea Dumnezeu putere si credinta,
Si inima sa-ti fie scaldata in dorinta,
Sa treci peste scoala cu bine si spor,
In tine se naste un falnic, unic, ajutor!

Pot cumpara un cadou sau chiar zece,
Aruncate apoi intr-un colt stingher si rece.
Eu sper ca versul meu, in asta zi senina,
Sa-ti inunde inima cu inegalabila lumina!

Urarea mea, e simpla, nu costa bani,
Mi-e drag sa iti urez La Multi Ani!
Primeste gandurile mele de bine,
La multi ani, sa ai multa grija de tine!

INSOMNII DE REVEDERE

Pleoapele-mi
atarna
a nesomn,
fulgii din perna
par de plumb,
iar picaturile
de ploaie
ce bat sacadat
in fereastra
imi zgribulesc
necontenit
visul de a
te revedea!

PLOUA CU FRUNZE

Florile si-au
inchis petalele,
Pasarile isi
cauta cuiubul
Ciugulindu-si
aripile,
Greierii clocesc
povesti
Spre a le spune
nepotilor.
Afara ploua cu
frunze aramii,
Vara inchinandu-se
in fata Toamnei;
Cedandu-i tronul regal.

IUBIREA TAINUITA

Cati n-au vorbit despre iubirea lor din taina,
Si cati n-au scormonit s-o caute intr-o haina
Ce atarnata sta in cui de vremea ce-a trecut,
Si-n jurul ei pamantul pare mut?

E roasa pe la coate si miroase-a ani destui
Nu o alunga din calea gandului,
O tin de mana-n vremurile reci
Sperand sa le tina de cald pe veci.

Cand noul croitor materialul strica dupa o
vreme,
Sarmanul om cu sufletul stingher se teme,
Alearga in camara de ani prafuita si lasata in
mister
Si haina o scutura, o mangaie si o imbraca
de ger.

Se vor gasi razleti ce mint c-o soapta adanca
Cu fruntea sus privesc mandri precum o
stanca,
Dar spre final se-ntorc acasa, cu ochii-n jos
Caci s-au mintit pe ei si cotul hainei ros.

Suspina pe-ndelete, au curaj sunt doar cu ei
in gand,
Saruta petecul ce cu mult tact l-au refacut
plangand,
Il sterg de vreme si miros de fum si ceata,
Isi strang la piept, misterul lor de-o viata!

Si cine vrea sa strige-n gura mare
Ca vorbele-mi sunt fara noima si culoare,
Omul din el nu a tainuit nicicând in anii
vietii
Iubirea lui ascunsa ce sta in calea cetii?

PACATE SPALATE

S-a rupt pădurea sub picioare
când florile vorbeau în şoapta
si paraul barfea pasarile
ce-si scalda doar seara aripile
Zac printre noi straturi de praf
lucind a timp cu miros de mucegai
Iubite nu plange maine
ca azi nu este tarziu
sa-ti speli mainile patate de vorbe
Aseaza-te pe tarmul visat in copilariei,
rupe latul de la picioare
fugi printre ganduri si aduna
o bucata din noi pentru acum si aici
Padurea vuieste, dar n-o lua in seama
e suparata ca soarele a asurzit
la chemarea-i de verde
Plangi de ti-e dor impreuna cu aerul
care te invoca sa-l respiri spre
intampinarea noului
si lasa padurea cu vuietul ei
sa-si spele singura pacatele
tu spala-le pe ale tale!

PĂGÂN

Scâncești
fiindcă
nu te-a
primenit
nici un
părinte,
n-ai fost
increștinat
la biserică de
spiritualii
părinți
si nici
uns cu
aghiazmă
de ursitoare.
Scâncesti
diavoliceste
fără să-ți
fie teamă
de ingeri,
păgânule!

SINGURATATEA - IN RITM DE VALS

Noiembrie de gheata in suflet
precum lacrimile pribegind
fara sa fie luate la rost
de Soare -
Neagra durere neintrebata
de vre-un trecator
de-i este sete sau foame -
Speranţe ratacind in lacasuri
fara lumina, iar inima
tremurand de frig
precum cersetorii ce bat la porti
nedeschise de burtile rotofeie
si spiritele ratacite
ale boierilor de pe Pamant -
Muzica se aude undeva, departe,
doar ea ma saluta si-mi intinde
mana-i prietenoasa,
asigurandu-ma ca la noapte-mi
va tine tovarasie in ritm de vals
de voi deschide radioul...

IZBANDA DORINTEI

Plamadeste floarea
in gradina
boboci noi.
Albinele culeg
nectarul asa cum
diminetile
spalate de roua
se rasfata
cu burta la soare.
Oglinda lacului
gazduieste pestisorii
dorintei.
Marunti si colorati
isi intind cozile
spre lumina!

FERESTRE

Iarba a-nverzit chiar
Si-n luna ianuarie,
Muguri de gheata salvand
Salutul trecatorului in noapte.
Zumzet de albine ratacind
In albumul primaverii trecute;
Se vad ferestre aducand
Zvonuri de ultima ora,
Ghiveci de flori hohotind
De-atata culoare,
Sufeltul altoit cu o petala roz –
In cele din urma,
Culegandu-se roade multicolore.

INVINSI DE NOAPTE

Pavele de lumina
sparte in picioare
spre amurg,
pisoii rataciti in copacul
din fata casei,
carutele tipand
de tema
biciului din mana
furiosului vizitiu,
liliecii dansand
pe sub fereastra
umflantu-si
penele in fata
albului porumbel
cu piciorul
in gips pentru
mai bine de-o luna.

IUBESC

Iubesc?
Da!
Natura: Soarele, Luna,
Marea, pescarusii
Cu aripile-ntinse,
Bolta cereasca
Picurand nectarul vietii.
Iubesc apa, focul, pamantul
Si ochii tai!

LUI R.

Plamadisem de ani buni
imaginea omului bland
cu ochii limpezi
si zambetul senin.
Aluatul,
a dat pe-alaturi,
rasarind doua destine
inmiresmate de dorinta,
dragoste si fericire.
Sub clar de luna,
miros de tei si iasomie,
se mai gaseste-un loc
pentru-n nou aluat
cu mici gropite in obraz
si gangurit de prunc.

CINA FARA TINE

Limbile cesornicului
scancesc;
fereastra te cauta
pe furis;
poteca si lacul cu nuferi
asteapta venirea ta;
cafeaua aburinda
se tocmeste cu tigara
punand ramasag
ca ai sa apari;
Lumanarile,
arse pe jumatate
isi frang mainile
jelind dupa tine.
Tresar,
telefonul anunta
inevitabilul:
esti prea departe
sa poti ajunge la cina!

AVOCATUL SUFLETULUI

Nativ parea
sa fie gandul
si suflarea
atunci cand
te-ai trezit
in dimineata
urmatoare
langa mine-n
pat,
insa numele
tau a fost
sters si
renegat in
nenumarate
recursuri de
avocatul
sufletului.

COMOARA

Priveste
adanc,
coamoara nu
este
acolo unde
toti
o cauta
si nimeni
n-o va gasi
inaintea ta
de vei sti
sa slefuiesti
cararea spre
adancuri
de diamant!

COPILA SI VIATA

Trecea lumina catre noapte,
Iar fluturii zburau spre alt hotar,
In departari pluteau multimi de soapte
De care azi, tu omule, nu ai habar.

La marginea padurii intr-o odaie
Pe lavita stateau hartii nescrise,
De era soare sau chiar ploaie
Copila rumega in taina la atatea vise.

Parea cumva povestea rupta dintr-o carte,
Ce-i salta orizonturile catre stele-ndepartate,
O poarta larg deschisa spre-ale lumii taine
Ii primenea tot sufletul cu albe haine.

Batea o raza in fereastra larg deschisa,
Cerand sa i se-alature la masa;
Copaia plamadea o paine aburinda
Cu un miros ce razbatea pana in tinda.

Un pui de randunica gangurea-n pridvor,
Iar berzele stateau nestingherite intr-un
picior;
Bunica cu un zambet cald, blajin si de visare
O trimitea cu sufletul spre luminata zare.

Povestea s-a sfarsit batand din palma,
Anii au trecut taiandu-se intr-o lama;
In trecerea prin viata ochiul plange,
Din sufletul ranit se scurge sange.

Tu, omule, te-ntrebi unde-i dreptatea-n asta
viata
Si visul tinerei ce s-a strivit de-o stanca?
Raspunsul sta legat firav c-o veche ata
Pastrata din stramosi pe umeri intr-o groapa
adanca.

ESTI AICI?

De-ar fi sa te gasesc in ziua cu lumina
Sperantele s-alerge, o sprintena felina,
Ti-as saruta privirea, un zambet de mi-ai da
Spre steaua fericirii mereu as alerga.

Nu cer prea mult din asta viata,
Doar soarele in zori de dimineata,
Iubire, flori de tei in miezul serii
Ce raspandesc miros in pragul verii.

De esti aproape, intinde mana in tacere,
Ofera-i sufletului mangaiere,
Ce-ti dau in schimb nu are asemanare:
Respect, iubire, dragoste-ntr-o floare…

FACI PARTE DIN DECOR?

Suras de pescarus
la tarm de mare,
glas de felinare
luminand mirosul
teilor,
valurile marii
povestind in taina
atatea cate le-au
vazut ochii,
Casinoul gazduieste
valsul,
iar tu departe
de acest ansamblu,
pierdut, tacut
si ingandurat.
Atat de aproape,
dar atat de departe
esti de mine!

FĂRĂ NUME

Aici s-ar spune că
mâine este ieri
fusul orar grăbind
până şi vameşul
ce şade de milioane
de ani cu umerii
gârboviţi şi picioarele
degerate de ger
la poalele Pământului
adunând bune şi rele
Se cere tăcere
timpul rumegă cu
ochii întredeschişi
distanţa azi-mâine
acolo unde noi
ne-am fi putut aduna
de pe drumuri
lacrimile şi copiii
neplămădiţi
care scâncesc printre
cerurile vopsite
de ispite în culorile
orbului orbecăind
în noapte...

ALT FEL DE POVESTE

O pasăre răpusă-n zbor,
Copila-n sat murind de dor,
O floare ofilită la fereastră,
Regina nopții este albastră.

Cărări nepietruite și țărână,
Inelul ruginit la îndemână,
Atâtea șoapte ocolite,
Și multe gânduri-neauzite.

Furnici cu burta stând la soare,
Merii in livezi făr' de culoare,
Cocoș pe gard într-un picior
Urlând la lună că-i fecior.

Focul din vatră lăcrimând,
Pendulul timpului dormind,
Iia ruptă într-un cot,
Pașii poticniți de-un ciot.

Stejarul palid printre nori,
Parfum fără miros de flori,
Calul rumegând tăciune,
Omul, un pribeag prin lume…

ASTEPTARE DUALA

Vrabia-n fereastra
te anunta cu voiosie
asa cum si muscatele
si-au intors
florile spre soare.
O saptamana
de asteptare,
nimic mai mult,
bucati din timpul
ce freamata din
maini
in asteptarea ta,
a visului sa calce
pe taramuri reale!
Printre perdele
zaresti
gheare, capcane
si iluzii ale vietii -
Apari zambind,
soptindu-mi ca
ani buni
m-ai asteptat
sa-ti apar in cale!

TIPAT TIMPURIU

N-aud nimic,
Timpul mi-a acoperit
Urechea sufletului;
Alerg in goana
Dintre zi si noapte,
Luni, ani.
Pasarile sunt fara aripi,
Oamenii n-au grai.
In miez de anotimp,
Vantul domneste
Pe tronul etern,
Strigatul cersetorului flamand
Pierzandu-se-n cutia
De carton.
N-aud nimic,
Desi ochii-mi sunt umezi
De ploile neanuntate.

VISCOL

Copacii se plâng
zăpada sufocând până
şi veveriţele flămânde
de scoarţa arţarilor
bătrâni
nici măcar urmă
de pasăre la fereastră
doar când zăboveşte
soarele pe masa
din balcon paşi firavi
ciugulesc frimiturile
de pâine
şuieră văntul
trăntind fereastra
de perete
ninge ca şi când
iarna uraşte alte
anotimpuri
termometrul agăţat
într-un colţ stingher
boceşte după haine
clănţănind amar
dinţii bătrâni
eu departe de focul
din şemineu
cu ochii plânşi

după o fărâmă de
țoală
Sufletul trăieşte
de azi pe mâine până
ce ramurile vor înverzi
primăvara dezghețând
lacrimile
în ziua ghioceilor
rogu-te iarnă
ocoleşte-mi sufletul
adu-mi pături de lână
m-am săturat de
iubiri sintetice
promisuni ce s-au spart
pe drum
Alb afară - basm
cu zmei de gheață
fără zâne.

ZADARNIC

Oglinda lacului
tulburată
de o privire
cu ochelari -
Soarele stins
de lacrimilie
timpurii -
Tunelul secret
plin de
lacăte
fără chei.

POVESTEA GANDULUI

S-a dus gandul
pana la marginea
Pamantului
unde s-a intalnit
cu prietenii.
Au inoptat impreuna
povestind
din aminitirile
copilariei,
orizonturi ce n-au capatat
contur.
Spre dimineata
s-a lasat rece,
o plapuma i-a
incalzit picioarele
insangerate
de cautare
si i-a soptit la ureche
din tainele vietii.
A doua zi
si-au luat ramas bun,
gandul intorcandu-se
in viata de zi cu zi,
acolo unde spera
sa-si faca
drum spre izbanda...

PRIMA ZAPADA SI NOI

Alb printre copaci
si drumuri virgine,
fara pasi;
Doar vietatile
padurii rumegand
frunzele aramii
amestecate
cu trecerea
timpului.
Fulgii
de zapada
pufosi si blanzi
ating obrazul
cu un sarut
de neuitat.
In varful muntelui
doar rasuflarea
noastra calda
de-atata iubire
ce-si incalzeste
mainile la semineul
inimii.

SEMNE DE INTREBARE

Multi incercat-au sa aduca la lumina
Cu eprubete, cipuri, cartulii roase de vreme,
Dar adevarul vietii nu-l poti atinge c-o mana
Ce-i prihanita, pangarita si se teme!

In jurul omenirii se invarte-un soare,
Valuri adanci se sparg la tarm de mare,
Munti cu paduri nepangarite de picior
Pot fi atinse doar in zbor.

Iar ca sa zbori, nu-ti trebuie aripi de fier
Nici sa te temi de miezul iernii si de ger,
Cauta-n taina fara sa te plangi
Nici mainile sa nu le frangi!

De-ai sa gasesti pe la amurg, o raza intr-un
colt de plai
Ce-ti da binete si-ti arata calea spre lumina,
Sa o saluti in gand, usor, fara de grai
Ca de o strigi in gura marea, n-o sa vina!

Tam-tam-uri repezi pe-ale vietii strazi
inghesuite,
Sunt marginite de mandrii rastalmacite,

Tu nu pleca nici capul, dar nici sa nu strigi
De viata in palma, trecator prin ea, o sa ti-o
frangi!

Priveste catre cerul gandului ce-ti da putere,
Si-ti unge sufletul din cand in cand cu miere,
Saluta clipa, minutul, ora, ziua chiar si anul
ce-a trecut
Fara sa-ti fie teama ca viata te-a durut!

FARD SI URARE

Parfumul este fara de miros
Si rujul este alb precum e ceara,
Alaturi zace pudra intr-un cos,
Iar peria catand in graba vara.

O zi trecuta sa rasara-n graba,
S-apuna cearcanele-n dimineti,
Privirea plina fie de o salba,
Iar zambetul sa fuga-ncet de ceti.

Paloarea de pe fata, capete culoare,
Sa-mbujoreze soarele prin nori,
Spalate fie ridurile-n mare
Si din ninsori s-apara sori!

Cutia ruginita azvarlita-n tinda
Sa binecuvanteze-o unda de lumina,
Si fruntea ei incet, incet sa prinda
O raza mult ravnita si divina.

Sa-i fie gandurile rele
Precum o salcie ingenunchiata peste apa
Ce-nchina plecaciunea catre stele,
Rupand tacerea ce-o adapa.

AMINTIRE DE... LA MULTI ANI!

Au fost atatia ani plini de lumina
Si voie buna-n calea noastra,
Luceau sperantele la cina,
Iar floarea suradea in glastra.

Noi, fericiti de-atata armonie,
Priveam tacuti la inimi linistite,
Citeam pe rand in ochi atata veselie,
Soptind iubiri ce n-au ajuns inca vestite.

In acest an, nu-ti sunt alaturi la aniversare,
Desi mi-e sufletul prea plin de tine;
Priveste pe fereastra, la ora 0, catre mare
Un pescarus cu un cadou in cioc el vine!

De nu il vezi, cauta in inima-ti prietenoasa,
Invita infriguratul pescarus la masa,
Uita-te-n ochii lui si ai sa vezi
Ca viata e frumoasa, desi nu ai sa crezi!

Nu sunt acolo, fiindca sunt departe,
Dar gandul de tine nu ma desparte,
Simbolul sa-l primesti cu sufletul deschis
Desi iubirea azi s-a transformat in vis.

Nici eu, nici tu, nu vom uita de noi
Oricine-ar incerca sa ne desparta,
In suflet niciodata nu vom fi goi
Chiar de este soarta prea nedreapta!

ANSAMBLU DE EU

Fereastra arata intuneric,
desi am rugat-o sa mai pastreze
un pic din ziua, nu s-a induplecat
sa-mi faca bucuria
de a privi copacii ce stau
in ger si astepata un tovaras
sa-i salute,
multumindu-se si cu o cioara
ratacita -
Caloriferele sunt prietenoase,
caldura ridicandu-se-n tavan -
Mainile-mi tanjesc dupa condeiul
uitat, le este dor sa noteze
gandurile ce se zbenguie
fara-ncetare, cand triste,
cand vesele -
Telefonul suna,
amintindu-mi ca nu sunt
doar eu in Univers,
ratacind in vid:
un amic pe care nu-l cunosc inca
mi-a dat binete
din celalalt capat de lume

AMAR

Un suflet ratacit pe drumul vietii,
Zacand la poarta fara de raspuns,
Cersind in pragul diminetii
Un soare timpuriu apus.

Atatea lacrimi asezate intr-un izvor
Cu pestii otraviti si pasari rastiganite,
De ma-ntrebati de ce tot vreau sa mor,
Am sa astern in scris raspunsuri ruginite.

Nu am putere sa privesc la noaptea
Ce mi-a cules lumina din priviri,
Nu pot sa scriu, dictata-mi este cartea
De multele si sumbrele amintiri.

Nu ai decat sa razi, straine fara minte,
Ce poti sti tu, citind aceste randuri?
Cum ar putea alt om să ia aminte,
Să-şi frângă mâinile, pe ganduri?

N-ai sa-ntelegi durerea ce m-apasa,
Suntem facuti din plamadiri diverse,
Tu ai un sac cu galbeni pe o masa,
Eu, fructe ce nu sunt culese.

DE VORBA CU MINE

Vers, strofa, poem ori proza
   - fericirea?
Daca sunt intrebari
existentiale,
cu siguranta ca nu
vor inceta sa apara,
decat atunci cand
simturile-mi vor fi inerte.
Nimeni si nimic
nu ma poate opri
sa nu ma intreb
daca in lumea asta,
fericirea pe care o vad
unele persoane
este una reala sau doar
o simpla iluzie.
Nimeni nu-mi va putea
comanda gandurile sa
nu caute o cale spre
a contrazice teorema
fericirii.
Ma bucur ca
in drumurile mele
nu exista hipnotizatori
sa ma goleasca
de acest Univers al meu!

Nu spun ca tristetea
nu este mare de cate ori
constat ca in acest Univers,
putini pot patrunde,
dupa care ies,
tarandu-se
in vazul lumii si
spalandu-si mainile
de Mine,
aratandu-si coltii
de invigator efemer.
N-am sa blamez pe nimeni,
oamenii sunt diferiti
asa precum sunt si pasarile,
unele prefera clima rece,
altele pe cea calda!
Fiecare cu lumea lui,
asa cum o poate percepe el.
Insa,
nu voi inceta sa sper
ca intr-o buna zi
se va ivi ocazia de a
putea spune ca
ceea ce simt eu,
simte si altcineva.
Cerintele nu sunt masive,
ci doar ca acea particica
invizibila si in acelas

timp imensa (sufletul),
sa nu aiba nevoie decat
de o privire pentru
a putea zambi!
Fericirea exista acolo unde...
mi-ar placea sa mi se poata
raspunde intr-o zi!
Pana atunci,
eu voi incerca sa
gasesc raspunsul
spre a-l impartasi
si celor ce vor a-l auzi...
Asa ca
taci si nu ma intrerupe!

FLORI DE CIRES

Adie vantul
la tarm de mare,
noaptea se dueleaza
cu florile de cires
de la fereastra
ce-s atat de albe
si parfumate.
Muzica
rasuna printre
peretii trecutului
amintindu-mi
de diminetiile
cand serenadele
erau asternute
pe hartia
de pe masuta
sufletului.
E doar o imagine
pierduta-n noapte
si regasita-n
ochii tanjind
dupa adevarul
de dincolo
de trecut.

Fereastra
ma asculta invitand
o crenguta de cires
sa-mi incalzeasca
sufletul
cu mirosul
fericirii!

FULGUL DE NEA

Fulgul de nea
mi-a spalat
pata de pe suflet,
e atat de alb,
pufos si moale!
Zambindu-mi
cu privirea
calda, ma invita
in vis la dans.
Il privesc
mai bine-n ochi,
esti tu!
Trezita din somn
am alergat
la fereastra
sa prind un
fulg de nea
si sa-l sarut,
s-a topit,
lasand in palma-mi
plina de dorinta
multa lumina
si speranta.

OMUL EU SI TU

E-o carte larg deschisa catre mare,
Cu aripile imprastiate-n zare,
Cu scrisul ordonat si descifrand misterul
Cuvintelor din urma ce infrunta gerul.

Fiinta s-a nascut la fel ca tine,
E inrudita si cu mine,
Ne-asemanam la ganduri si la soapte
Atunci cand plange ziua-n noapte.

Ar vrea sa-ti spuna ca i-e bine,
Ca filele-i sunt foarte fine;
Sa nu o rupi de-o foaie-n graba ta
Ori sa o mazgalesti fara sa vrea.

De n-o intelegi, s-o mai citesti o data,
Aduna ramasitele de cana sparta,
Le pune la un loc cu gandurile tale
Reconstruind o floare din petale!

MAMEI

ACOLO...
Trecand prin nori,
Alergand prin stele,
Pasii raman in urma timpului:
De te-as zari macar o clipa...
A fost, candva, un chip bland
Sperand la firesc,
Lunecand in poeni
Spre a culege flori nemuritoare,
Culoarea lor umple odaia si acum.
Ulitele par stramte,
Satul, candva plin de viata,
Azi trist, cersind zgomotul copilariei,
Strigatul mamei rasunand in valea verde...
De aici, din lumea (...),
Trimit sarutari de maini!

LUME CIUDATĂ

N-a mai plecat
singurătatea
din casa cu 7 nivele
si nici frigul din suflet
nu s-a topit
dimineţile plâng aiurite
fară să culeagă faguri
nopţile zăbovesc de-aiurea
printre străini
vecinii nu dau
bineţe nicicând
câini cu burţile rotunde
gâfâie de mâncare
autostrăzile se ciocnesc
de maşini de lux
ce-şi etaleazâ eticheta
eu stau colăcită
intr-o lume de neînteles
departe de casa
şi bucata de pâine
aburindâ cu tărâţe
din copilarie
obrajii mânjiţi
cu marmeladă
flamândă de o lacrimă
de fericire.

POATE CA

Poate ca azi
 zapezile par mai albe -
 Poate ca ieri florile
 s-au ofilit de teama
 trecatorului
 ce le-a rupt in graba -
 Poate ca noptile
 se topesc sub privirea
 blanda a cititorului
 de versuri -
 Poate ca florile,
 zapezile si noptile
 se vor intalni
spre a-si da mana.

REPAOS

Lumina tarzie,
Flori de gheata
Pe fereastra –
Festiva zi de duminica:
Candela si rugaciune,
Mainile incrucisate
Invocand ingerii iubirii –
La orele 24,00
Ger, mult ger,
Iubire congelata
Pentru alt timp
Si spatiu.

TE VISEZ

Te visez cand
nu dorm
si-ti simt mainile
sarutandu-mi
cu pasiune fiecare
picatura de dor
a corpului-
vibrez la atingerea
ta lina si
este de neimaginat
cum nu ma trezesc
din visare atunci cand
cineva ma intreba
de vorba ori usa
se deschide -
Te visez
chiar si acum
si te iubesc
ca-n vis!

TIMPUL

Da fila si
citeste la
lumina candelei!
Suparat e timpul
fiindca soarele
uita de el
si se furiseaza
printre nopti
fara capatai
si izolate
de viata.
Ar vrea el,
timpul,
sa tina
contabilitate
in alb,
sa scrijelească
pe portile
viitorului doar
anii buni,
ploiosi si
sa uite de seceta,
insa norii

ingenunchiaza
la picioarele
soarelui
umili...

VUIEŞTE PĂDUREA

Aripi de păsări rătăcind în noapte
Spre scorburi abătând drumul de ieri,
Apune floarea de atâtea aspre şoapte
Stropite cu venin în primăveri.

Pârâul plânge-ntr-una, apa-i răzvrătită,
Fluturii se luptă cu furtuna,
O salcie adoarme-n dimineaţă ameţită
Şi-o vrabie scânceşte aprig ca nebuna.

Plăpăndă-i caprioara în pădure
Zăcând pe frunze moarte, umede şi reci;
Un pui de urs scânceşte după mure,
Iar lupul urlă spre poteci.

Un graure se zbate, dându-şi duhul,
De-atâta foamete ţipând amarul câtre stele,
Vulpea tulburată-şi varsă tot năduful
Pe puii unei biete mierle.

În casă lampa este stinsă, afumată,
Suflarea zace pe veranda prăfuită,
Iar mâna şterge-o lacrimă vărsată
De suferinţa vieţii aprigi, ştrangulată.

ÎMI ȚIP DUREREA

Îmi rup de la gură tăcerea
și țip să mă audă tot omul
de câte foame și sete am zăcut
iubind,
  am leșinat între două drumuri
spre o altă viață,
am bocit după o pâine
mai aburindă și
am lătrat ca și dulăul
vecinei Marița la lună,
dar tot degeaba,
iubesc fără să fiu iubit!

IUBIREA SI URA

Ploua marunt,
floarea de colt
calcata de tropotele
cailor plange
printre sughituri.
O raza de soare
i-a intins o mana,
sprijinind-o
sa se ridice cu
petalele spre cer.
A mai trecut
o zi,
potcoavele
s-au intepat
in voiosia florii,
caii noptii
luandu-si cu ei
neizbanda,
rautatea si fierul
inrosit de foc.

AMINTIRE DE IUBIRE

Nopti departe de tine, amare si reci
Lacrimi fugare, repezi si seci,
Amintiri de dor ma prind din zbor
Mi-e sufletul stingher si-as vrea sa mor.

Nu pot sa uit privirea ta senina,
Nici zambetul curat ca de copil ce ma alina
Imi vin in minte crampeie de poveste de
iubire,
Ce azi au ramas o simplă amintire.

Unde esti tu, de ce nu ma privesti,
In ochi sa-mi spui ca ma iubesti?
In diminetile reci am nevoie de tine
Precum o lacrima de soare s-o aline.

Te strig, dar nu ma auzi chiar daca plang,
Tresar din somn, in brate perna eu o strag,
Te chem aproape, langa mine
Nu ai venit, desi ti-ar fi si tie bine!

Te simt cum ma doresti,
In gand numele cum mi-l rostesti,
Ai vrea sa fim iarasi impreuna

Sa ne plimbam tinandu-ne de mana.

Dar nu ma chemi, fiindca ti-e teama
Ca viata apriga e precum o arma,
Ce-ti pune glontele la tampla intr-o clipa
Rupandu-ti si ce-a de-a doua aripa...

Te strig sa vii si sa nu plangi,
In bratele tale suspinele sa-mi frangi,
Sa-mi spui ca sunt a ta si ca iti pasa
Daca eu m-am intors din nou acasa!

FARA TINE

Pamantul este crapat
fara tine,
cad printre degete,
liliecii isi fac cuiburi
printre sperante
si am mancat toate
somniferele din frigider.

DEMON

Privire de înger
contopită-n
sufletul demonului
restant printre
pământeni încă
de pe vremea
Sodomei si Gomorei.
Am crezut că-ţi
este casa-n Eden,
printre aripi
şi verdeaţa.
Pacat,
ochi inselatori..

IMAGINE

Afară poate doar gândacii nopții să mai fie
la ora asta și nici măcar nu este târziu
oamenii cuibăriți în fața televizoarelor uită
de vara
plină de stele cu miros de regina nopții
stejarii plini de înțelepciune își plâng zilele
rugându-se lui Dumnezeu să nu fie retezați
de dimineață s-au făcut măsurători la poalele
lor
vecinii m-au sunat fără vlagă și nu pleacă la
niciun club
și-au cumparat un joc nou la playstation și
pe masa din sufregerie șade o ladă cu bere
copiii lor cu droaia cer inghețată din frigider
și aruncă resturile de pizza pe covor
motanii se uită mirați la mine mieunând
fără de înțeles
am zăcut timp de un minut
ridic capul și dau fuga la parter
ridic o carte din bibliotecă și mă întreb
cum de este posibil ca viața?

MEDITATIE

Strânge-mă de mână
şi alergă spre mine
atunci când visele
se duc spre intuneric,
respiră adânc
şi nu te-ndoi
de tine ori noi!
Paraziţii gândurilor
dă-le liber
pentru totdeauna,
azvârle-i la coş,
azi este ziua
gunoierului!
Pluteşte printre
nori fără teamă,
nu-ţi fac rău,
sunt prea pufoşi
pentru a te rani

OAMENII SI ROADELE

Nu vreau nimic din ce nu are identitate
Si nici sa-i cer sperantei sa invete carte,
Straina-mi este lumea-n apriga de rautate,
Precum si mizeria ce-n noroi se zbate!

Le-ai da si frimitura de pe buza
Chiar si un picure de roua ratacit,
In nestiinta ei te rasplatesc ca pe-o frunza
Ce zboara singura intr-un amurg zorit.

Asa sa fie Omul si menirea-n asta lume,
Sa-ti flenfeneasca in graba al tau nume?
Sa uite c-a plecat de pe-o poteca cu lumina
Din casa ta unde l-ai invitat sa vina?

Omenirea - pumnul de graunte risipit in vant
de univers,
Dau roade rozalii doar cei care-au invatat
din inima
Sa cante-n dimineata, zi si noapte cate-un
vers
Sarac de haina, dar c-o radacina mult
sublima!

PRIBEGIE

Vantul sufla puternic
printre crengile
copacilor ramasi
in urma timpului.
Singuri,
pribegi si altoiti
de remuscari
privesc printre
ramuri.
Nu zaresc nimic,
ochii le sunt
incercanati si grei
de nesomn si neliniste.

SFAT

Sapă adânc
pintre furnale
şi aruncă
mirosul
de fum la coş
să nu mai
inţepi la nas
când treci
pe langă mine.
Fugi
cu paşii la
spinare,
apucă-te singur
de mână
atunci când
dormi pe tine!

TÂMPLE ARGINTII

Sforăie până şi greierii
zăpăciţi de atâta tăcere
ascunşi sub iarba tocită
de copitele cailor
Ograda plânge după
fanfara timpului trecut
muzica de bal
când bunica sprijinită-n
bastonul noduros
dirija peţitorii la dans
Iniţialele de pe batista
brodată rătăcesc fără urme
în trecut
Mătuşa Mariţa nu se mai
iveşte pe uliţa plină
de praf
împrăştiind mere
la copii din poala rochiei
peticite
A plecat pe tărâmuri fără
întoarcere
Coasa ruginită îşi
sprijină anii într-un colţ
al grajdului din chirpic
Ecoul trecutului s-a

cuibărit şi el la pieptul
noduros al uitării.

TARZIU

Castanii freamata-n noapte
Gaze ratacite
Adunate la fereastra.
Dorm, desi sunt treaza –
Somnul adolescentului
Suferind dragostea precara.
Nu e aici, glasul cristalin
A rasunat pe vremea
Cand Luna aparea
Cu bratele pline de crizanteme.
Pastrez o petala
Secata de seva...

MIRAJ

Cântă poienile-n priviri în astă seară
Şi fluturii dansează printre flori,
Am aşteptat mai mult de-o primăvară
Ca mugurii târzii să iasă din ninsori.

Mi-e sufletul o rază albastră
Care transcede-n depărtări,
Mi-e gândul pasăre măiastră
Cu aripile-ntinse către zări.

Se-ntrezăresc sclipiri de stele afară,
Luceafărul, pe bolta fără de sfârşit,
Nu îmi doresc ca vraja colorată să dispară
Nici greierii să-ntindă mâna la cerşit.

Am sa aştern povestea în condei,
Fie de vrei s-o recunoşti măreaţă,
Ai timp sa o revezi în alte vieţi de vrei,
Să critici gandu-n altă dimineaţă.

Acum, nu îi fura speranţei şansa,
Un drept ce-l cere de ani buni,
Chiar de va fi să-si ia târziu revanşa
Precum facură mulţi străbuni!

ZAPADA SI SOARE

Anotimpuri de intrebari,
Vara uneori nige,
Primavara se scutura
Copacii...
Suflet insangerat
La poalele destinului,
Lupul urland artunci
Cand fluturii culeg seninul.
Timpul incatusand
Razele soarelului;
Spernata fiind
Ca-n miez de iarfna
Sa soseasca berzele.

SI TU?

Până şi tu
alergi după
cai verzi
înecându-te-n
păduri şi
nămeti de
vise
traficante
de iluzii.

SINTETIC

Alergi, te opresti, mirosi,
Adormi intristat de parfumul iluzoriu.
Lacrimi la ora 0,45.
Viseaza oamenii,
Dorm in linistea noptii –
In capatul orasului,
Tu, consolandu-ti singuratatea
Cu flori nemuritoare.
In zori –
O noua zi pe calendarul timpului,
Sufletu-ti mirosind a esenta,
Raze pe baza de falsitate.

TOTUL PENTRU IUBIRE

Desi
nu te-am intalnit,
te iubesc
ca pe diminetile
rasarite in
primavara verde,
te doresc dansand
precum fluturii
ce-si contureza
rosul, galbenul
amestecat cu
nemarginite culori,
ba chiar
si chiar negrul
placut,
de altfel,
printre petunii -
te sarut pe gand,
iti ating
sufletul cu binete
si-ti spun:
noapte parfumata,
iubire!

ZIG-ZAG

Caramida rosie
alerga paralela
cu gemurile
si franghia
ce-atârnă
de ieri
sub ploaie
 razbuna
omul cu numele
tau.

TRISTETE

Tristete-n noaptea ce-i atât de neagrã,
Pãreri de rãu aleargã repezi si stinghere,
Narcisa-mbobocitã ce asteaptã-n grabã
Sã-i fluture în vânt petala albã.

Nu e doar gândul cufundat în umbrã,
Nici lacrimile ce strãbat cãrãri adânci,
E-o viatã întreagã, pare atât de sumbrã,
Sunt visele de bine împotmolite-n stânci.

Un întuneric fãrã de pereche,
Lumini pe stradã nu se vãd deloc,
Doar sufletu-mi ce stã de veghe
Sã-si încãlzeascã mâinile la foc.

Pare cã zorii –s cufundați în ceatã,
Culorile se pierd încet în negativ,
Ochii cãutând flãmânzi sperantã,
Tristete online pe diapozitiv.

www.ingramcontent.com/pod-product-compliance
Lightning Source LLC
Chambersburg PA
CBHW051534170526
45165CB00002B/730